© Bayard Canada Livres inc. 2009
4475, rue Frontenac
Montréal (Québec) H2H 2S2
Canada
Téléphone : 514 844-2111 ou 1 866 844-2111
Télécopieur : 514 278-0072
Courriel : edition@bayardcanada.com
Site Internet : www.bayardlivres.ca

Les dragons est la traduction de *Dragons* de John Malam (ISBN 978-1-84835-262-9)
© QED Publishing, UK, 2009.

Catalogage avant publication de Bibliothèque et Archives nationales du Québec et Bibliothèque et Archives Canada

Malam, John

    Les dragons

    (Mythologies)
    Traduction de: Dragons.
    Comprend un index.
    Pour les jeunes de 8 à 12 ans.

    ISBN 978-2-89579-276-5

    1. Dragons - Ouvrages pour la jeunesse. I. Titre.

GR830.D7M3414 2010   j398.24'54   C2009-942266-2

Nous reconnaissons l'aide financière du gouvernement du Canada par l'entremise du Programme d'aide au développement de l'industrie de l'édition (PADIÉ) pour nos activités d'édition.

 Conseil des Arts   Canada Council
du Canada   for the Arts

Bayard Canada Livres Inc. remercie le Conseil des Arts du Canada du soutien accordé à son programme d'édition dans le cadre du Programme des subventions globales aux éditeurs.

Cet ouvrage a été publié avec le soutien de la SODEC. Gouvernement du Québec – Programme de crédit d'impôt pour l'édition de livres – Gestion SODEC.

Dépôt légal – Bibliothèque et Archives nationales du Québec, 2009
Bibliothèque et Archives Canada, 2009

Tous droits réservés. Aucune partie de ce livre ne peut être reproduite ou copiée sous aucune forme sans l'autorisation écrite de l'éditeur.

Rédaction John Malam
Conception graphique Lisa Peacock
Illustrations Vincent Follenn

Édition Steve Evans
Direction artistique Zeta Davies
Direction littéraire Amanda Askew

Version française :
Direction Andrée-Anne Gratton
Mise en pages Danielle Dugal
Traduction Anne-Marie Gauthier pour Soludoc

Sources des illustrations
(h=haut, b=bas, g=gauche, d=droite, c=centre, pc=page couverture)
Alamy Images 5bg Pictures Colour Library, 9 The London Art Archive, 13h INTERFOTO Pressebildagentur, 13b Leslie Garland Picture Library, 17b Mary Evans Picture Library, 21 Pictor International/Image State, 27t Images d'astronomie de Malcolm Park
Corbis 11b Bettmann, 29 Lindsay Hebberd
Dreamstime 23
Getty Images Getty Images 4h The Image Bank/Chris Alan Wilton, 4b Visuals Unlimited/Ken Lucas, 15h AFP/Stringer, 15c Lonely Planet Image/Jane Sweeney
Istockphoto 5bc Maris Zemgalietis
Mary Evans Picture Library 5hd, 5cd
Photolibrary 25 Robert Harding Travel
Shutterstock 5hc Martina Orlich, 5bd Javarman, 20 Jean-Michel Olives
Topham Picturepoint 5hg Fortean, 7 The British Library

Imprimé et relié en Chine

TABLE DES MATIÈRES

Le monde des dragons	4
Les dragons d'Europe	6
Il était une fois : Beowulf et le dragon	8
Il était une fois : L'homme qui se changea en dragon	10
Il était une fois : Le fermier et la pierre de dragon	12
Les dragons du Moyen-Orient	14
Il était une fois : La création du monde	16
Il était une fois : Georges et le dragon	18
Les dragons de Chine et du Japon	20
Il était une fois : Le dragon et le phénix	22
Il était une fois : La méduse qui perdit ses os	24
Les dragons de l'Inde	26
Il était une fois : Le dragon et la mer	28
Glossaire	30
Index	32

Les mots en **caractères gras** sont expliqués dans le glossaire, à la page 30.

Le monde des dragons

On raconte des histoires de dragons depuis des milliers d'années. Ces fabuleuses créatures font partie de la mythologie de plusieurs pays, et de nombreux contes relatent les exploits des **tueurs de dragons**.

Les dragons sont souvent les gardiens de précieux trésors ou de princesses faites prisonnières. Ils font partie des créatures mythiques les plus dangereuses et sont les plus difficiles à vaincre. Tous les dragons ont le corps couvert d'écailles. Plusieurs crachent du feu ou ont une queue piquante et venimeuse. Certains ont des ailes, d'autres non. Certains sont petits, d'autres ont un corps long et sinueux de serpent géant.

▼ Les squelettes de dinosaures pourraient être à l'origine des croyances entourant les dragons.

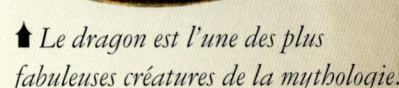
▲ Le dragon est l'une des plus fabuleuses créatures de la mythologie.

Du dinosaure au dragon

Autrefois, on ignorait l'origine des squelettes de dinosaures retrouvés dans la terre. Ce mystère a peut-être conduit les gens à inventer des histoires à propos de terrifiantes créatures comme les dragons.

Les dragons célèbres

Les dragons du folklore européen

Guivre
Ce dragon a un immense corps allongé, semblable à celui du serpent.

Cocatrix
Ce monstre possède un corps et des ailes de dragon, ainsi qu'une tête et des pattes de coq.

Dragon européen
Cette bête qui crache le feu a des ailes, un corps écailleux, de longues pattes et des griffes acérées.

Basilic
Ce cousin du cocatrix possède huit pattes de coq et sa morsure est mortelle.

Les dragons des folklores du monde entier

Dragon chinois et japonais
Ressemblant à un lézard, ce dragon sans ailes possède une tête cornue, un corps écailleux et des griffes acérées.

Dragon babylonien et du Moyen-Orient antique
Cette bête sans ailes a des pattes arrière d'aigle et des pattes avant de chat.

Dragon indien
Ce serpent monstrueux a trois têtes.

Les dragons d'Europe

Les dragons font partie de la mythologie européenne depuis l'Antiquité grecque, il y a 2 500 ans.

Les anciens Grecs décrivaient les dragons comme d'immenses serpents qui gardaient de fabuleux trésors aux limites de la Terre. Le plus célèbre était Ladon, un serpent géant à 100 têtes et 200 yeux flamboyants. Il était le gardien d'un pommier aux fruits d'or.

⬇ *Les dragons européens sont souvent décrits comme des bêtes ailées qui crachent le feu.*

Saints et dragons

Saint Georges est un célèbre tueur de dragons de la mythologie chrétienne. Mais il n'est pas le seul **saint** à avoir terrassé un dragon. Sainte Marthe a réussi à vaincre la Tarasque, un dragon qui semait la terreur dans le sud de la France.

Au temps des Romains (il y a environ 2 000 ans), des histoires circulaient à propos de dragons vivant en Éthiopie et en Afrique orientale. On les décrivait comme des serpents ailés de près de 18 mètres qui crachaient le feu et se nourrissaient de chair d'éléphant.

➡ *Cette page d'un bestiaire (un livre du Moyen-Âge sur les bêtes) révèle comment on imaginait les dragons à cette époque.*

Les dragons à la guerre

Au 4e siècle après J.-C., les soldats romains partaient en guerre accompagnés d'un dragon. Il s'agissait en fait d'un **étendard** (sorte de drapeau), qui avait la forme d'un serpent à tête de dragon. Au 7e siècle après J.-C., le dragon rouge est devenu le symbole du pays de Galles. Il figurait sur le drapeau des soldats gallois. Les plus grands guerriers obtenaient le titre de **pendragon**, qui signifie « tête de dragon » ou chef.

Au début du **Moyen-Âge** (env. 450 ans après J.-C.), les dragons étaient considérés comme des créatures maléfiques. Des légendes relataient les exploits de saints chrétiens qui avaient tué des dragons et combattu le diable. Entre les 12e et 15e siècles, des livres appelés « bestiaires » décrivaient les dragons en détail. Les gens croyaient que ces monstres existaient réellement.

Il était une fois : Beowulf et le dragon

Cette histoire vient de... **DANEMARK**

Au royaume du Danemark vivait un monstre du nom de Grendel, qui inspirait la terreur à tous les habitants. Chaque nuit, Grendel sortait des marais et tuait tous ceux qui l'affrontaient, peu importe leur bravoure.

Un jour, un guerrier nommé Beowulf vint au Danemark et tua Grendel. Il fit de même avec la mère du dragon lorsque celle-ci voulut venger la mort de son fils. En raison de ces exploits, Beowulf acquit une vaste renommée et devint un héros.

Plusieurs années plus tard, Beowulf dut affronter un autre dragon qui gardait un trésor enfoui dans son antre. Importuné par des voleurs qui voulaient s'emparer du trésor, le dragon crachait du feu sur tout le pays.

➡ *Beowulf, tueur de dragons et héros des Danois.*

➡ Un fermoir en or provenant du trésor de Sutton Hoo. Il est incrusté de pierres rouges appelées « grenats ».

Le trésor de Sutton Hoo

En 1939, on a retrouvé des joyaux en or et en argent dans un **monticule funéraire** à Sutton Hoo, dans le Suffolk, en Angleterre. On croit qu'ils appartenaient à un roi du 7e siècle après J.-C. Comme Beowulf, ce roi était enseveli sous un monticule de terre. C'est ainsi que l'on enterrait les gens importants à cette époque.

Beowulf prit donc son épée et alla combattre le dragon, mais son arme ne pouvait transpercer les écailles du monstre.

Avec l'aide d'un autre guerrier, Beowulf réussit finalement à tuer le dragon. Toutefois, il y avait un prix à payer pour sa victoire. Ayant été mordu par le dragon, Beowulf mourut empoisonné. On l'enterra avec le précieux trésor dans un monticule funéraire érigé au bord de la mer.

Il était une fois :
L'homme qui se changea en dragon

- SCANDINAVIE
- ALLEMAGNE

Cette histoire vient de…

La cupidité est un terrible défaut dont certaines personnes n'arrivent pas à se défaire. C'était le cas de trois frères : Fafnir, Ottar et Regin.

Ottar avait le pouvoir de se transformer en animal. Un jour qu'il s'était changé en loutre, il fut tué par le dieu Loki qui l'avait pris pour un véritable animal. Le père d'Ottar réclama au dieu un dédommagement pour la mort de son fils. Loki lui donna donc de l'or, mais celui-ci était maudit et portait malheur à tous ceux qui le possédaient.

L'or éveilla la cupidité de Fafnir et Regin, qui tuèrent leur père. Voulant garder l'or pour lui seul, Fafnir s'en empara et s'enfuit. Il se transforma ensuite en dragon terrifiant et s'assit sur son trésor afin de le protéger.

⬇ *Les frères cupides tuèrent leur père afin de lui voler son or.*

Assoiffé de vengeance et voulant récupérer l'or, Regin demanda l'aide du brave guerrier Sigurd. Celui-ci tua le dragon Fafnir à l'aide d'une épée magique que lui avait donnée Regin. Ayant recouvré le trésor, Regin fut frappé à son tour par la malédiction. Il fut tué par Sigurd, qui souhaitait garder l'or pour lui. Comme les autres avant lui, Sigurd ne put échapper à la malédiction et mourut à son tour.

➤ *Sigurd tua le dragon Fafnir à l'aide d'une épée magique.*

◄ *Un « drakkar » viking avec une tête de dragon à la proue.*

Les drakkars

L'histoire de Fafnir le dragon nous vient des **Vikings** de Scandinavie et d'Europe du Nord. Certains **navires** vikings avaient une tête de dragon sculptée à la proue (l'avant du bateau), d'où leur nom de « drakkar », qui signifie « dragon ».

Sigurd, le tueur de dragons

Après que Sigurd eut tué Fafnir, il lécha le sang sur ses doigts. Il acquit ainsi le pouvoir de comprendre le langage des oiseaux. Deux oiseaux le prévinrent alors que Regin planifiait de le tuer.

Il était une fois :
Le fermier et la pierre de dragon

Cette histoire vient de… • SUISSE

En 1421, un dragon volait vers le mont Pilate, près de Lucerne, en Suisse. Comme plusieurs autres dragons, il vivait dans une caverne, près du sommet enneigé de la montagne.

Alors qu'il survolait un champ, le dragon s'écrasa au sol, tout près du fermier Stempflin, qui faisait une promenade. À la vue de l'énorme bête qui agitait ses ailes pour s'envoler, Stempflin fut terrorisé et s'évanouit.

À son réveil, Stempflin ignorait combien de temps il était resté sans connaissance. Il chercha le dragon, mais celui-ci avait disparu. Croirait-on son histoire ? Dirait-on qu'il était tombé endormi et avait rêvé ?

Gentils dragons

Contrairement à la plupart des dragons, ceux du mont Pilate seraient gentils et serviables. On dit qu'ils peuvent guérir les malades et secourir les voyageurs égarés dans la montagne.

↓ *Le dragon s'écrasa tout près du fermier Stempflin.*

↑ *Le mont Pilate serait la demeure de gentils dragons.*

QU'EST-CE QU'UNE PIERRE DE DRAGON ?

La pierre de dragon est en fait un minerai rouge appelé « cinabre ». Selon la légende, il s'agirait de sang de dragon durci.

↑ *Ce minerai rouge est du cinabre, aussi connu sous le nom de « pierre de dragon ».*

Le fermier déconcerté se rendit à l'endroit où le dragon s'était écrasé. Il vit une étrange pierre rouge au milieu d'une mare de sang et sut immédiatement que c'était une pierre de dragon. Il la ramassa donc et l'emporta chez lui. À compter de ce jour, la pierre lui porta bonheur, car elle avait le pouvoir de guérir les maladies et les blessures.

Les dragons du Moyen-Orient

Les premières histoires de dragons proviennent des pays du Moyen-Orient. Elles étaient racontées par des peuples anciens : les Sumériens, les Babyloniens et les Assyriens.

Ces histoires remontent à environ 5 000 ans. Elles décrivent la création du monde et le combat entre les forces du bien et du mal. Les dragons étaient considérés comme des monstres maléfiques. Il fallait donc les tuer ou faire la paix avec eux.

Les dragons de la Bible

Dans la Bible des chrétiens, on trouve aussi des personnages de dragons. Ceux-ci proviennent peut-être des histoires qui circulaient alors au Moyen-Orient. Par exemple, la Bible décrit un « dragon rouge ayant sept têtes et dix cornes » qui représente le diable.

➤ Le monstrueux Dahak avait deux têtes de serpent et une d'humain.

⬇ Le monstre Anzu ressemblait à un oiseau avec une tête de lion. Il causait des tempêtes de sable en battant des ailes.

▲ *Un dragon sur la porte d'Ishtar, à Babylone.*

Les gardiens de Babylone

Dans l'Antiquité, les personnes qui voulaient entrer dans la ville de Babylone (dans l'Iraq actuel) devaient franchir l'une des portes percées dans la muraille de la cité. La porte d'Ishtar, qui a été construite vers 575 avant J.-C., était ornée de dragons et d'autres créatures féroces. Les visiteurs étaient ainsi prévenus qu'ils pénétraient dans une ville grandiose et puissante.

Les dragons du Moyen-Orient prenaient plusieurs formes. Certains étaient des serpents géants, d'autres des créatures hybrides combinant les caractéristiques de plusieurs animaux. Peu importe leur apparence, ils étaient tous puissants et terrifiants.

▼ *Mushussu était un serpent géant avec des pattes avant de chat, des pattes arrière d'oiseau et une queue venimeuse.*

▼ *Tiamat était un immense serpent marin doté de deux pattes avant, d'une queue géante et de cornes.*

▼ *Le monstre marin Léviathan avait sept têtes et des centaines d'yeux.*

Il était une fois : La création du monde

Cette histoire vient de... • IRAQ

Avant la création du Ciel et de la Terre, le chaos régnait dans l'univers. Il n'y avait que néant et désordre.

Puis, de ce néant, surgirent deux créatures : Tiamat, mère des océans salés, et Abzu, père des rivières et des lacs d'eau douce. Ces créatures engendrèrent les premiers dieux, dont l'un d'eux s'appelait Enki.

Les jeunes dieux se querellaient constamment. Cela contrariait beaucoup leur père, Abzu, qui voulut les supprimer. Pour échapper à la mort, le rusé Enki tua son père.

⬅ *Les jeunes dieux se querellaient et se battaient, ce qui contrariait leur père, Abzu.*

Tiamat, l'épouse d'Abzu et la mère d'Enki, voulut se venger. Elle se transforma donc en dragon et prit la tête d'une armée de monstres pour détruire Enki et les autres dieux. Un seul dieu était suffisamment brave pour se mesurer à Tiamat : Marduk. Celui-ci tua Tiamat en lançant dans sa bouche une flèche qui se rendit jusqu'au cœur.

Marduk coupa le corps de Tiamat en deux. Avec une moitié, il fit le ciel et les étoiles, et avec l'autre, la Terre. Il façonna ensuite les montagnes avec sa poitrine et fit couler deux fleuves, le Tigre et l'Euphrate, de ses yeux. C'est ainsi qu'il créa le monde.

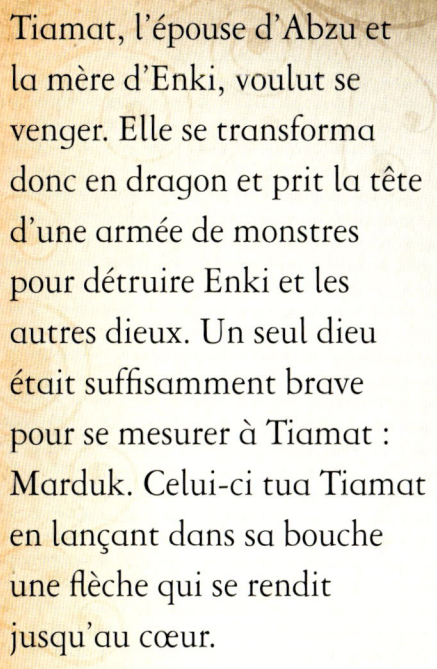

⬆ *Marduk visa la bouche du dragon Tiamat avec sa flèche.*

MARDUK, LE TUEUR DE DRAGONS

Marduk était le dieu protecteur de Babylone. Les nombreux mythes à son sujet le décrivent comme un héros qui réussissait toujours à vaincre les forces du mal.

⬅ *Marduk (à gauche dans le chariot) affronte Tiamat.*

Il était une fois : Georges et le dragon

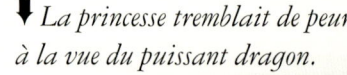

Cette histoire vient de…

Il y a très longtemps, à Silène, une ville de Libye en Afrique du Nord, un dragon semait la terreur parmi les habitants. La nuit, ce dragon empoisonnait de son souffle tous ceux qui se trouvaient à sa portée.

Chaque jour, dans l'espoir d'apaiser le dragon, le peuple lui offrait deux moutons. Mais bientôt, il ne resta presque plus de moutons et les habitants durent remplacer l'une des bêtes par un humain.

La victime humaine étant choisie au hasard, le sort tomba un jour sur la fille du roi. Au début, le roi refusait de donner sa fille en sacrifice, mais il dut s'y résigner. Vêtue de ses habits de noces, la princesse fut donc menée dans l'antre du dragon.

La princesse tremblait de peur à la vue du puissant dragon.

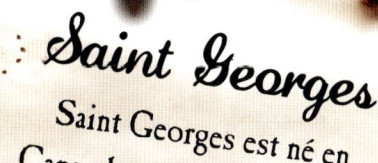

Saint Georges

Saint Georges est né en Cappadoce (une région de la Turquie actuelle) et a vécu au 3ᵉ siècle après J.-C. Comme il était chrétien, il réprouvait les mauvais traitements qu'infligeaient les Romains aux adeptes de cette religion. Il a été emprisonné, puis tué parce qu'il refusait de renoncer à sa foi chrétienne.

⬆ *Georges sauva la princesse en blessant le dragon avec sa lance.*

La Saint-Georges

Le 23 avril, on célèbre la fête de la Saint-Georges. Saint Georges est le **saint patron** de l'Aragon et de la Catalogne en Espagne, ainsi que celui de l'Angleterre, de la Géorgie, de la Lituanie, de la Palestine, du Portugal, de l'Allemagne et de la Grèce.

Pendant que la princesse attendait la mort, un voyageur à cheval s'arrêta à côté d'elle. Il s'appelait Georges. La princesse lui parla du dragon, et Georges promit de la sauver. Lorsque le dragon s'approcha, Georges le blessa avec sa lance. Ensuite, il dit à la princesse d'attacher sa ceinture autour du cou du dragon afin qu'il puisse l'amener jusqu'à la ville.

À la vue du dragon, les habitants terrorisés se sauvèrent. Georges leur promit de le tuer à une condition : que le roi et ses sujets deviennent des chrétiens. Comme ils acceptèrent cette condition, George libéra la ville du monstre en le tuant.

Les dragons de Chine et du Japon

On retrouve plusieurs histoires de dragons dans les mythes de Chine et du Japon. Les dragons chinois sont généralement des créatures bienveillantes envers les humains, alors que les dragons japonais sont plutôt malfaisants.

Les dragons chinois et japonais sont dépourvus d'ailes. Ils ont un corps de serpent recouvert d'écailles, quatre courtes pattes et des griffes acérées. On les reconnaît également à leur petite tête délicate et cornue, leurs grandes oreilles, leurs moustaches et leur barbiche. Ils soufflent du feu, de la fumée et de la vapeur par leurs narines.

Un dragon blanc et un dragon bleu des mythes chinois.

Les dragons sont présents dans plusieurs contes populaires chinois.

La couleur des dragons

Les dragons chinois sont de diverses couleurs, qui ont chacune une signification particulière.
- Les dragons noirs règnent sur les lacs.
- Les dragons rouges règnent sur les rivières.
- Les dragons bleus sont doux et braves.
- Les dragons jaunes peuvent parler aux dieux.
- Les dragons blancs annoncent une catastrophe, comme une **famine**.

◄ *Dans la danse du dragon chinois, les danseurs transportent un dragon en tissu coloré au-dessus de leur tête à l'aide de bâtons.*

La danse du dragon

En Chine, la danse du dragon marque le début de l'année chinoise. À l'origine, elle avait pour but de plaire aux dieux afin que ceux-ci procurent de bonnes récoltes aux fermiers. Aujourd'hui, on dit qu'elle porte chance.

Les dragons ont les yeux rouges et portent dans leur gueule la « perle de la sagesse » (la perle est le symbole de la sagesse en Chine). Ils adorent les bijoux, en particulier ceux faits de **jade**, et craignent les objets en **fer**, car ceux-ci peuvent les blesser.

Il était une fois :
Le dragon et le phénix

• CHINE

Cette histoire vient de…

Un dragon et un **phénix** (un oiseau mythique) vivaient sur une île. Un jour, ils trouvèrent un magnifique caillou dans le lit de la rivière et décidèrent de le polir.

Lorsqu'ils eurent terminé, le caillou s'était transformé en une perle blanche et ronde, qui dégageait une lumière douce et rayonnante. La nouvelle de l'existence de cette perle parfaite se répandit jusqu'à la reine mère, Xi Wang Mu (prononcer shi-wang-mou), qui voulut la posséder.

Une nuit, la reine mère envoya donc un serviteur s'emparer de la perle pendant que le dragon et le phénix dormaient. Dès qu'elle fut en possession du trésor, elle l'enferma en lieux sûrs.

LES NOMS DES DRAGONS CHINOIS

En Chine, les dragons sont appelés « lung ». Ce mot fait partie de tous les noms de dragons chinois, par exemple, Chang Lung, Ti Lung et Ying Lung.

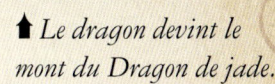

À leur réveil, le dragon et le phénix fouillèrent l'île de fond en comble, mais en vain. Leur perle avait disparu. Un jour, alors qu'ils se rendaient au palais de la reine mère, ils virent une lueur familière. C'était la lumière de la perle.

↑ *Le dragon devint le mont du Dragon de jade.*

← *Le dragon et le phénix découvrirent qui s'était emparé de leur précieuse perle.*

À l'intérieur du palais, Xi Wang Mu montrait la perle à ses amis. Le dragon et le phénix se précipitèrent pour récupérer leur trésor. Durant le combat, la perle fut projetée par la fenêtre. En touchant le sol, elle se transforma en lac. Le dragon et le phénix s'installèrent à côté du lac et se changèrent en montagnes. Depuis ce jour, le trésor du lac est bien gardé.

Il était une fois :
La méduse qui perdit ses os

JAPON

Cette histoire vient de…

On dit qu'autrefois les méduses avaient des os, des nageoires et des pattes. Voici comment elles perdirent leurs os et leurs membres.

Le roi Ryujin était furieux contre Méduse, qui avait laissé Singe s'échapper.

Il était une fois un roi dragon nommé Ryujin qui vivait au fond de la mer, dans un merveilleux palais de **corail** rouge et blanc. Ryujin était un puissant dragon qui dirigeait à lui seul le mouvement des marées. Les tortues, les poissons et les méduses étaient tous ses serviteurs.

Un jour, il ordonna à Méduse de lui amener Singe afin qu'il puisse manger son foie. Obéissant à son maître, Méduse alla chercher Singe et lui dit que Ryujin voulait le voir.

Méduse et Singe nagèrent en direction du palais sous-marin de Ryujin. En chemin, Méduse dit à Singe ce que Ryujin prévoyait faire. Singe réfléchit un moment, puis dit à Méduse qu'il avait laissé son foie dans un bocal, dans la forêt. Comme il était tout disposé à retourner le chercher, Méduse le laissa aller.

À son arrivée au palais, Méduse annonça à Ryujin que Singe serait en retard. Le roi dragon se mit en colère, car il avait deviné la ruse de Singe. Dans sa rage, il frappa si fort Méduse que ses os furent broyés et expulsés de son corps. Il ne resta plus sur le sol qu'un tas de gelée désossée.

Les rois dragons

Parmi les dragons de Chine et du Japon, on compte quatre rois dragons. Ils sont les plus puissants de tous les dragons, et chacun d'entre eux règne sur une partie différente de l'Océan. Au Japon, il s'agit des rois dragons de la mer de l'Est, de la mer du Sud, de la mer de l'Ouest et de la mer du Nord.

← *Le **temple** d'Itsukushima, au Japon, aurait été la demeure de la fille de Ryujin.*

Les temples du dragon

Certains temples (lieux sacrés) japonais sont associés aux dragons. Par exemple, on dit que le temple d'Itsukushima, dans l'île de Miyajima, était la demeure de la fille du roi dragon Ryujin.

Les dragons de l'Inde

Les contes anciens de l'Inde décrivent des dragons et d'autres créatures semblables qui existaient au tout début du monde. Des mythes racontent la défaite des dragons lors de batailles épiques.

Comme les dragons chinois et japonais, ceux de l'Inde sont généralement représentés comme des serpents géants sans ailes. Ils ont de courtes pattes, et certains ont plusieurs têtes. Leur long corps est couvert d'écailles. Ils soufflent du feu et de la fumée par leur bouche et leurs narines.

⬆ *Vritra, un dragon à trois têtes.*

➡ *Ananta, un dragon-serpent à plusieurs têtes.*

L'enfer des dragons

Selon la légende, les dragons indiens vivraient à Patala, un lieu souterrain semblable à l'enfer. C'est à cet endroit que se retrouve l'âme des méchants. Les dragons sont les gardiens de ce lieu, dont nul ne peut s'échapper.

LE DRAGON QUI MANGE LA LUNE

Selon un mythe indien, la tête du dragon Rahu aurait été coupée et envoyée au ciel. Comme ce dragon est immortel, sa tête poursuit la Lune et la mange tous les mois pour se venger. Parfois, Rahu mange le Soleil, ce qui bloque sa lumière et crée une **éclipse solaire**. En fait, celle-ci est causée par le passage de la Lune entre le Soleil et la Terre.

◀ *Apalala, un dragon-serpent à deux jambes.*

▲ *Lors d'une éclipse solaire, les gens croyaient que le dragon Rahu avait mangé le Soleil.*

Le plus célèbre des dragons-serpents est Vritra, qui signifie « enceinte » ou « clôture ». Ce dragon à trois têtes entourait la Terre entière de son vaste corps. Parmi les dragons indiens, on trouve aussi Rahu, qui avait le corps d'un homme et la queue d'un dragon.

◀ *Le monstre Rahu avait un corps d'homme ainsi qu'une tête et une queue de dragon.*

Il était une fois :
Le dragon et la mer

• INDE

Cette histoire vient de…

Un prêtre nommé Tvashtri souhaitait que son fils, Trisiras, devienne le roi des dieux. Le véritable roi était Indra. Lorsqu'il apprit que Trisiras voulait s'emparer de son trône, il le tua.

Désespéré par la mort de son fils, Tvashtri promit de se venger d'Indra. Il créa donc un immense dragon-serpent, qu'il appela Vritra. Celui-ci était si grand qu'il pouvait toucher le ciel, la demeure des dieux. Alors qu'Indra regardait ailleurs, Vritra s'étira jusqu'à lui et l'avala tout rond.

Indra rampa hors de l'estomac de Vritra, puis lui chatouilla la gorge. Cela fit tousser le dragon, qui recracha le roi des dieux. Ce dernier tenta alors de tuer le monstre, mais il était trop puissant.

➤ *Indra utilisa de l'écume de mer pour tuer le dragon Vritra.*

Sous les conseils du dieu Vishnu, Indra proposa à Vritra de faire la paix. Le dragon accepta, mais à une condition : Indra ne devait pas l'attaquer le jour ni la nuit, il ne devait pas utiliser une arme mouillée ou sèche et celle-ci ne devait pas être faite de bois, de métal ou de pierre.

Un jour, Indra se rendit au bord de la mer au soleil couchant. Il ne faisait pas encore nuit et ce n'était plus le jour. Une immense vague s'écrasa sur la plage, projetant une colonne d'écume dans les airs. Indra remarqua que cette écume n'était pas faite de bois, de pierre ou de métal et qu'elle n'était ni mouillée ni sèche. Il s'en saisit donc et la projeta sur Vritra, qui mourut sur-le-champ.

La pluie libérée

Dans certaines versions du mythe de Vritra, le dragon-serpent boit toute l'eau de la Terre, causant une terrible **sécheresse**. Lorsqu'Indra tue le monstre, toute l'eau emprisonnée dans le corps de celui-ci se libère et la pluie se met à tomber.

⬆ *Cette sculpture gravée dans la pierre d'un temple montre le roi Indra tentant de tuer le dragon-serpent Vritra.*

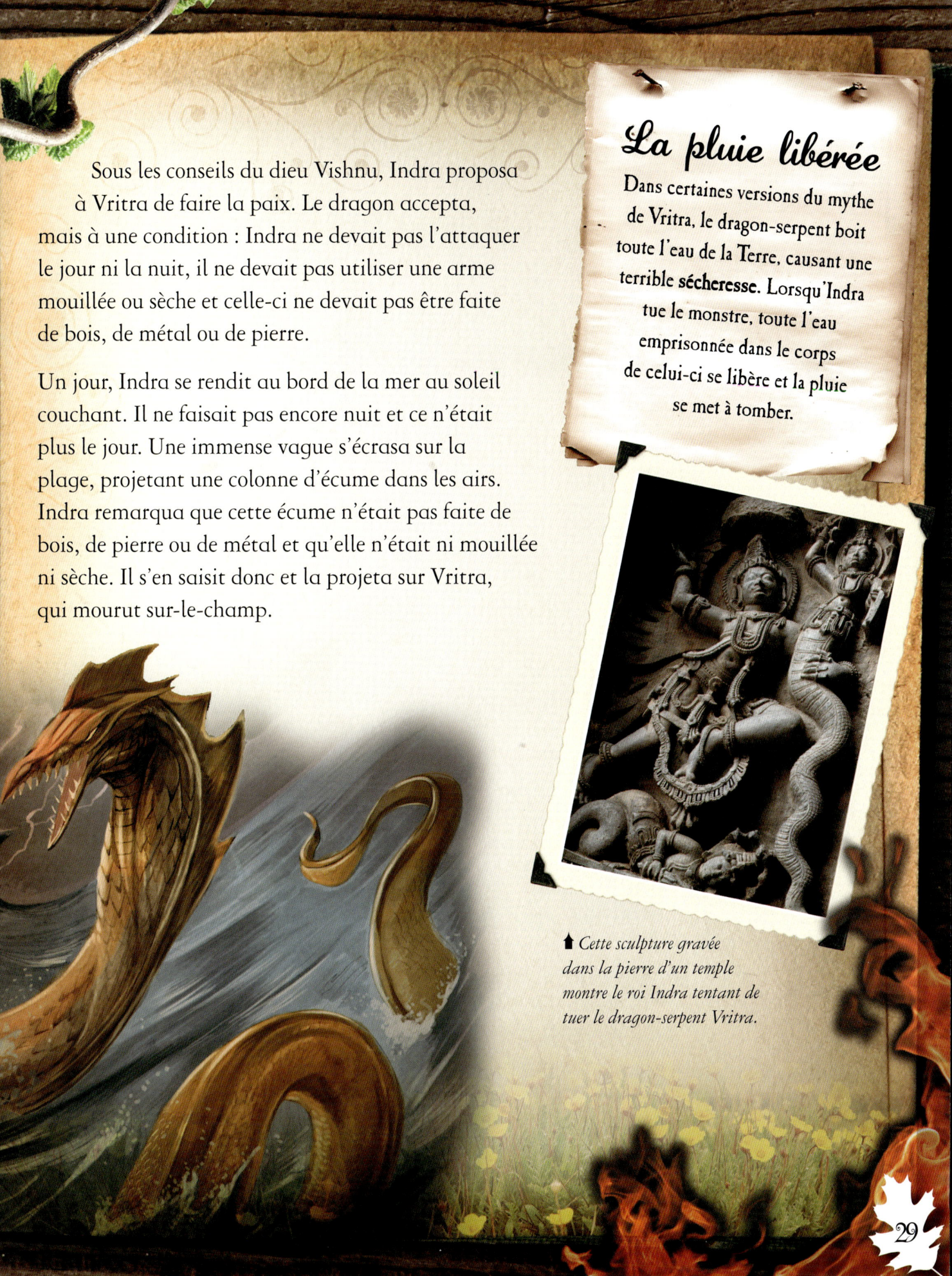

GLOSSAIRE

Antre
Caverne servant de repaire à un animal dangereux.

Corail
Substance dure de couleur rouge, rose ou blanche que l'on retrouve sous la mer et qui provient du squelette de minuscules créatures marines. Plusieurs squelettes regroupés forment un récif de corail.

Éclipse solaire
Se produit lorsque la Lune passe entre le Soleil et la Terre. Durant ce phénomène, le Soleil a l'apparence d'un cercle noir et sa lumière est bloquée, même s'il fait jour.

Étendard
Sorte de drapeau que les soldats brandissent au combat ou que l'on fait flotter du haut d'un édifice.

Famine
Grave pénurie de nourriture faisant en sorte que les gens souffrent de la faim et, parfois même, en meurent.

Fer
Métal dur utilisé pour fabriquer de l'acier.

Jade
Roche dure et verte que l'on peut sculpter pour fabriquer des bijoux et des objets décoratifs.

Maudit
Se dit d'une personne, d'un endroit ou d'un objet frappé par le malheur en raison d'un mauvais sort.

Monticule funéraire
Monticule de terre placé par-dessus la tombe d'une personne décédée.

Moyen-Âge
Période de l'histoire européenne qui va d'environ 450 à 1500 après Jésus-Christ.

Navire
Bateau de forme étroite et allongée servant aux transports en mer. Les navires vikings servaient à transporter des soldats.

Pendragon
Titre donné aux grands guerriers du pays de Galles au Moyen-Âge et qui signifie « tête de dragon ».

Phénix
Oiseau mythique qui, selon la légende, vivait pendant des centaines d'années avant de mourir embrasé par sa propre chaleur. Il renaissait ensuite de ses propres cendres.

Pierre de dragon
Minerai rouge qui, selon la légende, proviendrait du sang durci d'un dragon.

Saint
Homme ou femme ayant vécu une vie parfaite selon les principes d'une religion. Le culte des saints est pratiqué dans plusieurs religions, dont celle des chrétiens.

Saint patron
Saint considéré comme le protecteur d'un pays ou d'un lieu.

Sécheresse
Période de temps prolongée durant laquelle il ne pleut pas.

Temple
Lieu sacré où les gens se rendent pour prier un dieu ou une personne en particulier.

Tueur de dragons
Personne qui tue des dragons.

Vikings
Peuple de la Scandinavie, au nord de l'Europe. L'ère des Vikings a commencé il y a environ 1 200 ans et a duré 300 ans.

INDEX

Abzu 16, 17
Anzu 14
Assyriens 14

basilic 5
Beowulf 8-9

cocatrix 5

Dahak 14
Danois 8
diable 7, 14
dinosaures 4
dragons babyloniens 5, 14, 15, 17
dragons chinois 5, 20-23, 25
dragons du Moyen-Orient 5, 14-15
dragons indiens 5, 26-27, 28
dragons japonais 5, 20, 21, 24-25
drakkar 11

Enki 16, 17

Fafnir 10

Galles, pays de 7
Grecs 6
Grendel 8
guivre 5

Indra 28-29

Ladon 6
Léviathan 15

Marduk 17
méduse 24-25
Moyen-Âge 7
Mushussu 15
mythes chrétiens 6, 7, 14, 19

Ottar 10

Patala 26
pendragon 7
phénix 22, 23
pierre de dragon 12

Rahu 27
Regin 10, 11
roi dragon 24-25
Romains 7, 19
Ryujin 24-25

Saint Georges 6, 19
Sigurd 11
singe 24-25
Stempflin 12
Sumériens 14

Tarasque 6
Tiamat 15, 16, 17
trésor 4, 9, 10, 11, 22, 23
Trisiras 28
tueurs de dragons 4, 6, 7, 8, 11, 17
Tvashtri 28

Vikings 11
Vishnu 29
Vritra 27, 28-29

Xi Wang Mu 22